POEMAS MÍNIMOS

Atilano Sevillano

Poemas mínimos

Primera Edición 2025

© Atilano Sevillano Bermúdez 2025

© Ediciones Rilke.
http://www.edicionesrilke.com
editorial@edicionesrilke.com
C/Dr. Fleming Nº 50, 4ºD
28036 Madrid
Teléfono: 34 91 999 13 12

ISBN-13:978-84-18566-51-6

Depósito Legal: M-1314-2025

POEMAS MÍNIMOS

ATILANO SEVILLANO

La poesía minimalista se define por su reducción de palabras, énfasis en la simplicidad y enfoque en temas o emociones esenciales, y es un testimonio de la belleza que se encuentra en lo conciso.
Rachel R. NOALL

Piensa el sentimiento, siente el pensamiento.
Miguel de UNAMUNO

La filosofía realmente debe escribirse sólo como una composición poética.
Ludwig WITTGENSTEIN

Sólo en soledad se siente la sed de verdad.
María ZAMBRANO

CUADERNO I

*El hombre es un dios cuando sueña
y un mendigo cuando reflexiona.*
Friedrich HÖLDERLIN

*Cuando en este silencio mío
encuentro una palabra
cavada está en mi vida
como un abismo.*
Giuseppe UNGARETTI

Mínima poética

Dichoso el poema
cuando nos arrastra
al centro del vacío,
a la desnuda sencillez.
Y nos acoge en el silencio
de su propia música.

Mínima poética II

Vivir en el poema
sentir la tinta.
Recomponer
pedazo a pedazo
otra vez la palabra.

Poema de amor

I

Eres mi amuleto
y sin ti voy a la deriva.
Siempre es ahora
cuando te pienso.
Si no te demoras
demasiado,
te esperaré toda la vida.

II

Tus ojos me acarician
cual la yema de los dedos.
Todo se llena de oscuridad
si tú ya no me miras.

Nuevo poema de amor

Tú eres mi libro favorito.
Y quiero leerte
línea por línea,
letra por letra.

Tríptico

YO   no estoy solo,
             tengo la geometría del espacio.
TÚ   no estás solo,
             tienes el torbellino del mundo.
ÉL   no está solo,
             tiene la agenda del tiempo.

Díptico

La vida es un regalo fraudulento.
La muerte, una realidad indubitable.

Albada

Por calles que titubean,
habían deambulado a solas
con la noche a cuestas
cual sombras abrazadas,
cual fardos imprecisos.
Ya la niebla comenzaba a levantarse
y la aurora se vestía de rojo.
Ya la alondra traía sus gorjeos.
Y nada, sino el reloj tempranero
que hace vibrar la plaza toda,
les indicó la hora de los adioses.

Interpelaciones

¿Cuáles son los entresijos
del misterio burlón de la vida?
¿Cómo inventar el arte y manera
de juntar el azar y la certeza?
¿Por qué pensamos cosas
que no queremos pensar?
¿Cómo escribir del tiempo
fugitivo de nuestras vidas?

Nuevas interpelaciones

¿Qué nos protege del
sufrimiento y el dolor?
¿Existe alguna seguridad
en el futuro?
¿Cómo escapar de
un presente insoportable?
¿Cómo liberarnos de esta generalizada
sensación de incertidumbre?
¿Cómo descoser la tristeza?
¿Aún es posible la esperanza?
¿Dónde van las cosas del sueño?
¿Hay algo peor
que un demasiado tarde?
¿Cómo escapar del ciclo interminable
de pensar demasiado?

Confidencias poéticas

I

Amigo mío, publicado el poema
ya es de dominio público,
y no se admite reclamación alguna.

II

Recuerda, amigo: es el poema
quien nos traduce, lee y descifra
sin miramientos, y no al revés.

III

La poesía viene a ser un lugar
en el que cobijarse y al que regresar
aunque nos hayamos perdido.

IV

El poeta escribe por necesidad,
para sembrar vida,
para reparar la herida,
la desgarradura
con la que convivimos,
e intentar dar sentido
al porvenir ruinoso
del mañana que seremos.

Nuevas confidencias poéticas

I

Todo un mundo cabe
en un poema mínimo,
sabiéndolo acomodar.

II

Todo poema
habla de otros poemas
y sus retornos.

III

Di lo que apenas sepas decir.
De eso trata la poesía,
de ese tentativo decir.

Tú, allá exultante.
        Yo, aquí abatido.
Tú, inabordable.
        Yo, presa fácil en tu mirada.
Tú, ahí llena de agitación.
        Yo, aquí desfallecido.
Tú, ahí como si todo.
        Yo, aquí como si nada.

SÓLO   acaricio
       palabras que me queman
       como tu cuerpo.
SÓLO   acaricio
       palabras que se enroscan
       como tu risa.

Amores

Amor abismal: dentro de mí
sólo oirás tú corazón.

Amor loco: ¿Quién dispara el primer
dardo envenenado, tú o yo?

Amor libresco: lo nuestro fue
amor a primera tinta.

Sucede

I

El individuo es una pregunta
sin respuesta.
El amor,
una respuesta sin pregunta.

II

Sólo el amor inalcanzable
puede ser romántico.

III

El amor es amor
en su tiempo
más tenebroso.

IV

El amor puede doler,
pero lo que de verdad mata
es la soledad.

Es bien sabido
que lo que uno más teme
es lo que más desea.
Lo que en realidad
no nos deja vivir
es el miedo
a lo desconocido,
la incertidumbre.
Es notorio que la vida
es un paseo fugitivo
por calles
mal alumbradas.

Tu ojo clínico resultó ser
la peor corazonada.
Lo nuestro fue un golpe
de suerte, pero la suerte
muda a menudo.

El tiempo nos confirma
que no tenemos
la vida que soñamos.
El tiempo no nos hace
más sabios, sólo más
cobardes, solitarios
y tristes.

Hay días en los que todo
parece demasiado.
Hay días oscuros y sin aire.
Hay días en los que se nos resbala
la vida entre las manos.

El tiempo rueda
como los sueños
de un niño: a raudales.
Las nubes como cuadros
siguen rodando.
La vida, dicen
que es movimiento
y hacedora de planes,
pero nosotros seguimos
en la parálisis
que causa la costumbre:
esa entretejida telaraña.
Nada es nuevo ni rápido
en las horas y sus días.
Siempre reincidiendo
en las mismas cosas
y con poco ánimo
para recomenzar
de nuevo.

Advertencia

I

El algoritmo
acabará matando
la casualidad.

II

Somos abrazo de palabras
y el ruido infinito
de sílabas en cascada.
Los recuerdos son
nuestra riqueza.

III

La felicidad reside
en la mala memoria
y en los desordenados
recuerdos positivos.

Hoy

Hoy todo suena
a plazo sin cumplir,
a futuro sin fechar.
Hoy todo suena
a equivocación.

Soledad

Uno siempre está solo,
pero a veces
está más solo.
Soledad:
apenas siete letras.
Y cabe tanto dentro,
que cuando
me calzo sus zapatos,
zozobro.
Dichosa soledad:
invitación a explorar
nuestro yo interior
y último refugio
de la libertad.

Cumpleaños

He pasado tantas horas
con el libro de la vida
que hoy he cumplido
setenta páginas
en este empeño de vivir.
Unas han sido confusas,
borrosas y tristes,
otras felices,
y algunas otras
excitantes.

Ya cruje. Y cuánta grieta
se abre en nuestro amor.
Ya no cabe dar más tiempo
ni sutura alguna.
Ya el dolor no cabe,
la tristeza gris nos alcanza.
Crece las sombras
y todo abandona su luz
cual noche cerrada.

Que la palabra hable
que obre la palabra.
Que la palabra sea
un nuevo decir:
ese silencio elocuente,
ese perturbador silencio,
esa angosta abertura
al sentir y el pensar.

Confesión

I

Desde que tú no estás
tengo una gotera en el pecho.
Y en la boca repta
la melancolía.

II

Tú eres la única capaz de traer
la primavera a mí corazón.
Te amo tanto que no puedo
hacer otra cosa que amarte.

III

Voy a confinar
este poema que habla
de ti, pues de no hacerlo
se me despeina la vida.

Eso dices

Si chantajean,
hay que tener cuidado
con los fantasmas,
dices.

Me tomas del brazo
y dices que mientras aquí
aplauden al mago
quizá podríamos
escabullirnos.

Mas todos somos títeres,
dices en voz baja
como si de un secreto
se tratara.

Si supieras el tiempo
que paso probándome
esa sonrisa boba,
que tanto te gusta,
dejarías de jugar
a los desencuentros.

Antes de que las palabras
enmudezcan en el diccionario.
Antes de que la noche ofrezca
su oficio de tinieblas.
Antes de que el tiempo
a la deriva nos borre.
Te ofrezco este poema:
refugio de pervivencia.

A veces, sólo a veces

I

A veces, sólo a veces,
ocurre, sin saber muy bien,
pero ocurre.
A veces, sólo a veces,
y nadie recuerda nada.

II

A veces entre dos versos
ocurre algo que anuda
la palabra al vacío silente.

III

A veces, sólo a veces,
la vida te hace un guiño
y te redime.

Rumor de senryus

En la parada,
el autobús recoge hoy
muchas ausencias.
*
El móvil deja de sonar
noche tras noche.
Corazón roto.
*
Revolotea
en el andén del metro
la incertidumbre.

Voilà

Breve historia de amor.
Se conocieron
sin querer.
Se enamoraron
por casualidad.
Ambos llenaron
de luz sus vidas.
Se despidieron sin más.
Nadie les advirtió
que se echarían
de menos.

Nunca estamos solos de verdad.
Nos tenemos a nosotros mismos.

Es el camino desconocido
el que conduce hasta casa.

Alegría y dolor, las dos
constantes del ser humano.

Se habla de que lo que uno
recuerda, eso es la vida.

Qué bella mentira,
qué feliz contradicción,
la vida.

Susurros de tankas

Ya te instalaste
en primavera nueva
como el gorrión.
Ya no habrá más invierno
en ruda fortaleza.
*
No me interesa
una eterna existencia.
Que ya conozco
tu constante abrazo
y el eco de tu voz.

VALE REGALO

[Canjeable por un poema
de palabras apadrinadas,
a punto de dar el salto
    a una nueva página
    si el poeta de guardia
    las cobija].

Pasan los años
y se rejuvenecen
los rostros
en las fotografías.
Mas tú y yo sólo
habremos sido
recuerdos,
nunca realidad.

Todos somos actores
que hemos olvidado
nuestro soñado papel
en una frágil
tragicomedia,
que no acabamos
de entender.
Y no sabemos si reírnos
o si llorar de miedo.
Mas tirita la vida,
y el tiempo se escapa
entre nuestras manos.

Con ese otro,
el que me habita
en cada paso,
frecuentemente
disentimos.
Las cavilaciones
son mías,
el mundo
se lo dejo
a él.

Pensamientos despeinados

Yo es el otro, el que es, el que soy, lo que me narro.
Las palabras y yo confundidos.
*

Son los otros los que nos dan plena existencia.
*

La memoria nos va configurando. Somos seres de memoria.
*

Sólo somos un vuelo de pájaro, nada más que un suspiro.
*

El poeta no necesita que las cosas ocurran para invocarlas.
*

Si hay una huida que carece de sentido y es peligrosa,
esta es la de huir de uno mismo.
*

La vida no es un borrador que pueda ser corregido y pasado a
[limpio.

Pensamientos despeinados II

¿Cuántos secretos hay dentro de los secretos?
*
La vida es sueño, Segismundo, pero hay que interpretarlo.
*
La vida viene a ser el espacio entre dos fotogramas.
*
Nunca se termina de aprender a vivir.
*
Los ojos pueden no ver, pero hablan y saben.
*
Amar siempre nos salva.

Toda palabra
oculta secretos.
Toda palabra
es una duda.
No hay nada
más tenebroso
como el infierno
de la mente.
El sueño
de la razón
produce espanto.

Guardamos los sueños
en sueños perdidos
y nos arrancamos
el corazón
con facilidad pasmosa.
Pronto nos olvidamos
de ser quienes somos:
una historia mal contada.
¿Cómo dar razón
del tiempo a futuro?

He olvidado cómo se lee
las notas y fotografías
que el tiempo amarilló.
Y cuando aprendí
a leerlas de nuevo,
lo que leí ya no era
lo que había leído antes.

Nada o poco sé de la vida,
nada o poco sé del destino,
nada o poco sé del canto.
Nada o poco sé del amor.
Mas lo poco que sé
palpita en estos versos
que acaban leyéndome.

Y un etcétera

Aquí se permite fijar ideas,
escribir so pena de la vida.

Aquí se escribe esta duda
melódica en muro de papel.

Aquí se escriben los sueños
con la tinta de los deseos.

Y cuando se cierre el cuaderno,
al fin la vida sin disfraces,
con su desbaratada sintaxis.

Amo, amé, anhelo.
Pienso, sentí, digo.
Soñé, vi, dormiré.

El poeta es un decidor,
un obrero del verbo.
Se propone decir
un imposible: la verdad.
El poeta mide, sopesa
las palabras y recorre
un camino incierto,
hecho de voces reunidas
que no alcanzan
a expresar lo inefable,
pero que saben
como recién hechas.
El poeta es un héroe
de tinta. Se encarama
en las palabras y trata
de vislumbrar la única
de ellas que capte la música
del mundo y resuma
todo lo que pretende decir.
El poeta, desde la experiencia
vivida, desde la soledad,
desde la penumbra
hace brotar la poesía.
Desde su pequeñez,
frente al misterio
de la existencia tiembla.
Y frente al sinsentido del ser
y estar en el mundo tiembla.
Ese temblor es su verdad.

Haikus

Todo el ser cabe
en diecisiete sílabas,
dolor del mundo.
*
Hay esperanza:
la flor entre el asfalto,
la primavera.

Poema mínimo

Muecas en el espejo,
espectro y horror.

Poema no escrito

CUADERNO II

*El lenguaje es el bien más precioso y a la vez
el más peligroso que se ha dado al hombre.*
Friedrich HÖLDERLIN

*En las cosas profundas e importantes
estamos terriblemente solos.*
Rainer Maria RILKE

*Somos nuestra memoria,
somos ese quimérico museo de formas inconstantes,
ese montón de espejos rotos.*
Jorge Luis BORGES

Ars poética

I

Y es que el poema
—a modo de dardo preciso—
siempre nos sorprende.

II

¡Qué sutil concierto!
La ola de las palabras
amasando silencios.

Hoy estoy en modo poético:
he soñado aladas palabras,
sin embargo no alcanzan
para fundar
el silencio creador.
Hoy me siento poeta,
mi mejor manera
de estar solo.

Interferencias

Siempre he tenido
problemas con la realidad.
Me obsesionan
cosas que no han sucedido.

De niño siempre escuché
el mantra: no crezcas,
es una trampa.

A veces me pregunto
qué lógica preside la distribución
de las cinco vocales
y las veintidós consonantes
de nuestro alfabeto.

Pienso

Pienso en todo aquello que ha hecho que yo sea como soy.
Pienso en los olvidos que alimentan los recuerdos.
Pienso en la sabiduría del mutismo.
Pienso en lo desconcertante del corazón.
Pienso en la vulnerabilidad de la existencia humana.
Pienso la manera de no pensar en nada.

Me acuerdo

Me acuerdo de aquellos populares manuales
para aprender idiomas en diez días.
Me acuerdo de intentar imaginarme
lo grande que es el mundo.
Me acuerdo de que no entendía cómo la gente
del otro lado del mundo no se cayese.
Me acuerdo de sorprenderme por lo amarillo,
anaranjado y marrón que puede llegar a ser el otoño.
Me acuerdo de aquel año en que me leí
todas las obras de Beckett e Ionesco.

Me gustaría llegar a viejo,
pero a veces no.
No me gustaría vivir en una torre de marfil,
pero a veces sí.
Me gusta vivir en Castilla y León,
pero a veces no.
No me gustaría vivir en Oriente,
pero a veces sí.

Perspectivas

Cartesiana: Pienso, luego existo.
Sartriana: Existo, luego pienso.
Psicologicista: Pienso demasiado, luego no vivo.
Yoista: Cuando pienso me entristezco.
Calderoniana: La vida es pensamiento soñado.
Monterroseana: Cuando desperté, el pensamiento seguía allí.
Becqueriana: Pensamiento eres tú.

Analogía

Un fardo muy pesado es el odio,
y cuchillo en el pecho clavado.

Es el rencor el basurero
de sentimientos varios.

Afinidad

Actuar viene ser arrancarle
a la angustia su certeza.

Melancolía es la manera elegante
y romántica de estar triste.

Semejanza

La incertidumbre se asemeja
a una margarita cuyos pétalos
no se terminan jamás de deshojar.

Yo no sé muchas cosas.
Es verdad. Pero sí sé
que cada uno tiene
su porción de tiempo,
su pedazo de espacio,
su fragmento de existencia.
Yo no sé muchas cosas.
Es verdad. Pero sí sé
que la vida transcurre
en ese tren de cercanías
o de larga distancia,
en ese tren de pálidas luces
y obstinadas sombras
con destino estación
término: ese inconcebible
de no existir nunca más.
Sin embargo, a veces
soñamos con ese acabamiento
¡tan mansamente!
que nos reintegra abrazados
a la madre naturaleza
y al amoroso silencio.

Te amo tanto
que el rozar de tu piel
me da escalofríos.
Te amo tanto
que he perdido la cuenta
de tanto soñarte.

Conjetura

Fugaz y a contracorriente
navega la felicidad.

Saudade

No hay día que no te piense
ni noche que no te extrañe.

Búsqueda

Solo, extraviado, busco las palabras
que desnuden el silencio.

Del yo y del tú

Si yo fuera el desierto, tú serías los ríos.
Si yo fuera los ríos, tú serías la selva.
Si yo fuera el fuego, tú serías el aire.
Si yo fuera el aire, tú serías el agua.
Si yo fuera la tierra, tú serías el océano.
Si yo fuera el océano, tu serías los ríos.

Yo no te pido

Yo no te pido
que me entregues lo imposible.
Tan solo quiero
que hagas posible mi vida.
Yo no te pido
que me prometas el mundo.
Tan solo quiero
que vayamos juntos de la mano.
Yo no te pido
que me alcances las estrellas.
Tan solo quiero
contemplar el alba contigo.

Sucede que las lágrimas no lloradas
son las que más duelen.

Sucede que las heridas sanan,
pero uno ya no es el mismo.

Sucede que no sé a dónde huir,
todo mi mundo eres tú.

No importa zozobrar.
A veces la deriva
te lleva a buen puerto.

El camino
de las buenas intenciones
está pavimentado
con infiernos.

¡Qué trampa tan sucia,
la guerra!
¡Qué garra tan férrea,
la guerra!

Todos nosotros
presentimos que nos miramos
en el espejo de nuestra madre.
Mientras tenemos madre,
no somos adultos del todo,
luego nos quedamos sin techo.
Que es ley de vida,
se dice. Nacer, morir:
el ciclo de la vida,
umbrales del camino,
fin y principio.
Sin nada que esperar,
sin juzgar nada.

Tú me dijiste esto,
eso y aquello.
Y para no replicarte
no te dije ni eso.
Y para no desmentirte
nada decirte quise.
Al final, como no supe
qué decirte, acabé
abrazándote.

Soy ateo,
mas creo en el fantasma
de tinta que me desvela.

Qué desconcierto.
La tienda de las palabras
ha echado el cierre.

Sabed poetas
que en el pensamiento
jamás hay rimas.

Volviendo a ordenar y releer
los libros depositados sobre la mesa
me encontré con un mundo
donde refugiarme,
donde reaprender la esperanza.
Sigo mirando los libros
como artefactos fascinantes.

Una terapia es también
reflexionar sobre las cosas
y poner en palabras
nuestras brumas.
Las palabras son mágicas:
exorcizan, conjuran
y reparan.
Las palabras abrazan
y consuelan.

Con los años uno se da cuenta
de que la vida es lo que es:
una maravilla y una decepción,
dolor y pérdida.
La vida es llorar de amor,
de hastío, de alegría.

A fin de cuentas,
la vida viene a ser una danza;
bueno es encontrar
tu pareja de baile.

Con los años uno se da cuenta
de que somos lo que somos:
náufragos en el piélago
del destino,
y pura contradicción.

Antes o después,
la vida acaba sonriéndonos,
pero nos descubre sus dientes.

La felicidad, a ratos,
a minutos, a trozos,
a momentos, a veces.

Se ha de amar la vida,
aunque desconozcamos
su sentido.

Tiempo revivido

Entre luces y sombras
camina la evocación.
Entre anhelos y desganas,
risas y lamentos.
Entre alegrías y sinsabores,
cordura y abismos,
pérdidas y asombros.
Entre desesperanzas e ilusiones,
incertidumbres y certezas.
Entre sueños y realidades,
aventuras y nostalgias,
confluye la remembranza.
Somos prisioneros
del ayer que fue.
No hay forma de apaciguar
las voces, los días rotos
del pasado.
Acabamos ovillándonos
en los recuerdos.

La realidad. ¿Qué realidad?
¡Vaya embrollo con la realidad!
La realidad siempre tiene
muchas aristas.
La realidad en que vivimos
es muy frágil: nos engañan
los sentidos y el cerebro.
No se puede confiar en
lo que vemos, sentimos,
pensamos o recordamos.
La realidad. ¿Qué realidad?
Ese aspecto monótono
y aburrido de la existencia.
A la realidad no se le puede
mirar muy de cerca,
pues unas veces deslumbra
otras, se esfuma.

Vendrá la primavera
y como cada año
acudirá de improviso
como la alborada
y, de igual manera,
será abrazo abierto.
Lentamente el otoño vendrá
con su propia melancolía
y nos irá tatuando
con sus rendidas hojas.
Sólo la esperanza en
un nuevo brote
que se ofrece a la mirada
y florece en lo oscuro;
un nuevo amanecer,
la música de los atardeceres
o un atadijo de libros
nos confortan y salvan.

Quizá ese no soy yo.
Nada desmiente ni confirma
que yo sea el otro, ese
que parece ser yo mismo.
Yo no soy lo que escribo
ni lo que te digo que soy.
Ese no soy yo, y tampoco
un fraude o un impostor.
Yo no soy lo que tú te imaginas.
Lo que callo tampoco soy
ni las palabras ni las letras
que borro al ir escribiéndolas.
Un abismo se abre
entre yo y yo mismo.

Pronuncio la palabra YO
y nacieron
el deseo y el dolor.

Se diría que no has llegado lejos,
que eres un poeta nada peculiar:
alicatado de múltiples
influencias y afinidades,
como esperar cabría.

Se diría que nada es nuevo ya,
que ya está todo dicho.
Pero hay que seguir
escribiendo desde la herida
y nombrar lo que importa
o ejercer el arte de callar.

Que hay que intentar espantar
las sombras que nos acechan.
Y acariciar la secreta armonía
que las palabras ordenan.
Y dar con el poema
que abra y funde
su propio mundo
y el nuestro.

Buenos días tristeza.
De cuando en vez
vienes a visitarme.
Y te sientas a la mesa
aunque no estés invitada.
Tras un hondo suspiro
y un silencio largo
te vuelves a ir.
Adiós tristeza.
Ignoro cuando tornarás,
aunque tú bien sabes
que no eres buena compañera
para quedarte a vivir,
y sin embargo eres parte
intrínseca de la felicidad.

Como poema
      tan sencillo y tan libre
          de florituras,
               me miras a los ojos,
                    me lees cada día.

Ráfagas

Somos humanos, somos viajeros, y en el desplazamiento está el
[aprendizaje.
*
Todos los seres humanos pertenecemos a la misma tribu.
*
Acabamos vencidos por la edad y la caducidad de los sueños.
*
Sabemos que todo acaba, pero nos gusta pensar que estamos
[equivocados.
*
La mirada es el verdadero lenguaje del corazón.
*
La vida es efímera como estrella fugaz.

Ráfagas II

La posteridad, como la fama, es una impostura.
*
Memoria: lucha entre las cosas que queremos recordar y
aquellas otras que recordamos sin querer.
*
Cuando decimos algo, ese algo quiere decir siempre otra cosa.
*
¡Cómo aprietan soledad y silencio!
*
Sólo podemos aspirar a escribir un penúltimo poema.

Poesía callejera

En la rueda de la vida y de la muerte cada una es eco de la otra.
*
Hay que creer en la utopía porque la realidad nos parece
[imposible.
*
Unas palabras abren heridas otras, caminos.
*
Arrastramos toda una vida llena de palabras que no se han
[dicho
y sueños que no se han cumplido.
*
¡Corre por tus sueños! Si no los alcanzas al menos haces
[deporte.

Poesía callejera II

Cuidado con los miedos, les encanta robar sueños.
*
Nos regalan miedo para luego vendernos seguridad.
*
Nada tan inverosímil como la realidad.
*
Tenemos muchas cosas en común, las preguntas.
*
Hay que vivir para volar: renacer cada mañana.

Muros con versos

Creemos conocerlo todo, pero ignoramos lo importante.
*
La mente viene a ser un campo minado a no ser que esté yerta.
*
Somos lo que recordamos que somos.
*
Estamos hechos de tiempo, de herida de tiempo.
*
Todo acaba llegando, incluso lo bueno.

Muros con versos II

¿Cuántas historias hilvana el silencio?
*
¿Por qué nos empeñamos en evitar lo inevitable?
*
¿Qué seríamos sin todo aquello que no somos?
*
¿Cómo encontrar una voz que no necesite palabras?
*
¿Para qué ser si para siempre dejamos de serlo?
*
¿Cómo liberarse del triste pensamiento de la muerte?

Menú del día

PRIMEROS

Ensalada mixta aliñada con miel y limón.
Clásicas croquetas de perplejidades.
Arroz tres deseos.

SEGUNDOS

Merluza al horno con un toque de mostaza.
Carrilera a la arrinconada tristeza.
Pimientos rellenos de finas caricias.

POSTRES

Melocotón en almíbar casero.
Helado de flan y añoranza.
Tarta dulce tentación.

Oficio de escritor

Tratar de arañar la página
en blanco con palabras
precisas o aproximativas.
Tu condena:
escribir de nuevo o callar.

Abren las palabras secretos
escondidos en el corazón.
Pero de las palabras uno
no se puede fiar.
Hay palabras que alumbran
y deslumbran al mismo tiempo.

Oficio de escritor II

Viejo oficio de reunir
las palabras sobre el papel.
La escritura es un camino incierto.
A menudo las palabras se tornan
escurridizas aunque a veces
logren volverse sabias.
Se trata más bien de quedar
a la espera del abrazo de Orfeo,
que nos salve del silencio y el vacío.

Sálvese quien pueda
(de la rima)

Todo el mundo tiene
algún miedo que ocultar,
algún mapa que trazar,
alguna frontera que franquear.

Todo el mundo tiene
un pasado que olvidar
y un presente que vivir.

Todo el mundo tiene
algún sueño por cumplir
o alguna meta que alcanzar.

Todo el mundo cabalga
sobre alguna soledad.
Todo el mundo tiene
algún verso que madurar.

Pequeño poema,
como hijo que no tuve,
visítame de vez en cuando,
de tarde en tarde.
Verses sobre lo que verses.

Recuerda, caminante,
estamos en tránsito
y cada día —ya lo sabes—
echamos de menos algo.
Convéncete, caminante,
somos un nombre,
un sueño y andamos
por el valle de la sombra
de la muerte.
Y, sin embargo
cada uno de nosotros
hemos de inventar
nuestro camino, trazar
nuestros derroteros
y seguir el viaje.
Que el secreto
de la vida es vivir
para cantarlo.

Ya no hay paraísos
ni siquiera el de la infancia.
Digo Argusino de Sayago
y rezuma el tiempo del mito,
la patria verdadera.

Digo Argusino de Sayago
y mi niñez, mi infancia
se viste de las mañanas
de domingo,
donde todas las melodías,
todos los sueños
eran posibles.

Digo Argusino de Sayago
y hace que sazonen
todos los frutos.

Miro con desasosiego
la patria de mi infancia
que huele a ausencia
de repiqueteo de campanas.
Sólo existe llena de vida
en mi ánima
que la recrea.

Amor, fuiste y serás
presente eterno.
Tenerte lejos sería tener
el corazón arrugado.
Un día sin ti
sería un día perdido.
Qué cruel sería
dejar de oír tu voz.
Mas qué alegría
saber que aquí estás
y sigues siendo
la que fuiste.

Te conozco. Tú eres hiperbólica
en ansias y demente.
Yo… la muerte se me cuela
y urdo una vaga sonrisa.
Cómo agarrar en claros azules
la palabra que nos envuelva.
Tú, amalgama de voces y ecos.
Yo, apenas lánguido balbuceo.

Dónde asomarme.
En qué desierto
blanco
extraviarme.
Dónde hundirme
(y flotar),
sino en el pozo
de tus ojos.
Allí donde cabe
                    todo
                         el cielo.

A vivir aspiro

A vivir aspiro
y no sólo a existir.
Quiero sentir el calor
y la alegría del vivir.
Quiero participar en el juego
arriesgado de la existencia.
Quiero enamorarme
de la belleza de la vida
y asirme a una chispa
de esperanza y abrir
una ventana al optimismo.
Quiero carecer
de pasado y porvenir
y abrazar el instante.
¿Quién me enseñará
a mirar con otros
mis ojos?

Teorema de la felicidad

No hay premisas.
No hay conclusión válida.
No hay
nada
que probar.

Coda que no es

Ya no silban en el aire
las palabras.
Agazapado estás
canto cautivo.
Busco tu rostro
en la encrucijada.
Y en el corazón
del mundo,
el balbuceo
del poema.

ÍNDICE